經典
少年遊

009

蒙古秘史

統一蒙古的成吉思汗

The Secret History of the Mongols
The Emergence of Genghis Khan

繪本

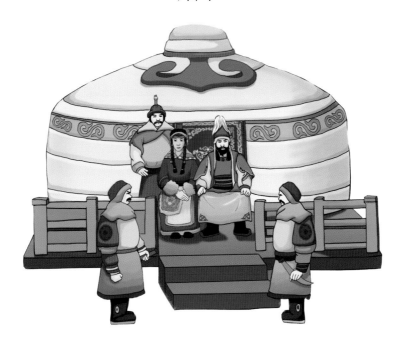

故事◎姜子安
繪圖◎李菁菁

在ㄗㄞˋ中ㄓㄨㄥ國ㄍㄨㄛˊ大ㄉㄚˋ陸ㄌㄨˋ的ㄉㄜ˙北ㄅㄟˇ方ㄈㄤ，
有ㄧㄡˇ一ㄧ大ㄉㄚˋ片ㄆㄧㄢˋ草ㄘㄠˇ原ㄩㄢˊ。
鮮ㄒㄧㄢ綠ㄌㄩˋ的ㄉㄜ˙青ㄑㄧㄥ草ㄘㄠˇ孕ㄩㄣˋ育ㄩˋ了ㄌㄜ˙一ㄧ群ㄑㄩㄣˊ放ㄈㄤˋ羊ㄧㄤˊ牧ㄇㄨˋ馬ㄇㄚˇ的ㄉㄜ˙民ㄇㄧㄣˊ族ㄗㄨˊ，
男ㄋㄢˊ孩ㄏㄞˊ鐵ㄊㄧㄝˇ木ㄇㄨˋ真ㄓㄣ就ㄐㄧㄡˋ誕ㄉㄢˋ生ㄕㄥ在ㄗㄞˋ草ㄘㄠˇ原ㄩㄢˊ東ㄉㄨㄥ邊ㄅㄧㄢ的ㄉㄜ˙斡ㄨㄛˋ難ㄋㄢˊ河ㄏㄜˊ畔ㄆㄢˋ。
他ㄊㄚ的ㄉㄜ˙父ㄈㄨˋ親ㄑㄧㄣ也ㄧㄝˇ速ㄙㄨˋ該ㄍㄞ是ㄕˋ蒙ㄇㄥˊ古ㄍㄨˇ本ㄅㄣˇ部ㄅㄨˋ乞ㄑㄧˇ顏ㄧㄢˊ族ㄗㄨˊ的ㄉㄜ˙勇ㄩㄥˇ士ㄕˋ，
長ㄔㄤˊ期ㄑㄧˊ和ㄏㄜˊ泰ㄊㄞˋ亦ㄧˋ赤ㄔˋ兀ㄨˋ惕ㄊㄧˋ人ㄖㄣˊ一ㄧ同ㄊㄨㄥˊ游ㄧㄡˊ牧ㄇㄨˋ。

3

鐵木真九歲時，也速該對他說：
「你已經長大，該幫你找個對象了。」
於是，父子倆一起來到母親的家鄉。
「這女孩臉上有光，目中有火，
會是個好妻子。」
也速該看中十歲的孛兒帖，
訂下這門親事。

也速該把鐵木真留在李兒帖家，
囑咐他要學習當個女婿， 自己就先回去了。
回程中， 也速該一時疏忽，
竟被仇人下了毒， 回到家後非常難受，
才囑託族人去接鐵木真回家， 就去世了。

6

7

也速該死後，
泰亦赤兀惕人不但不分食物給他們母子，
甚至悄悄搬離。

「媽媽，我們的百姓被帶走了。」
鐵木真發現後，哭著回家跟母親說，
母親騎馬拿著大旗去追，
但百姓們還是跟著泰亦赤兀惕人走了。

「咱們靠自己的雙手，還是可以活下去的。」訶額侖夫人帶著幾個孩子沿著斡難河艱苦謀生，相依為命。她用野菜、野果養育挨餓的孩子。男孩們則去撈捕河裡的小魚，一起奉養母親。

「聽說鐵木真長大了。」

「據說那孩子跟他父親一樣勇猛。」

「我們曾經拋棄他們，

他們一定會報復，不如先動手。」

泰亦赤兀惕人突然前來襲擊，

把鐵木真困在深密的樹林九天，

逮住他後，由各家輪流看管。

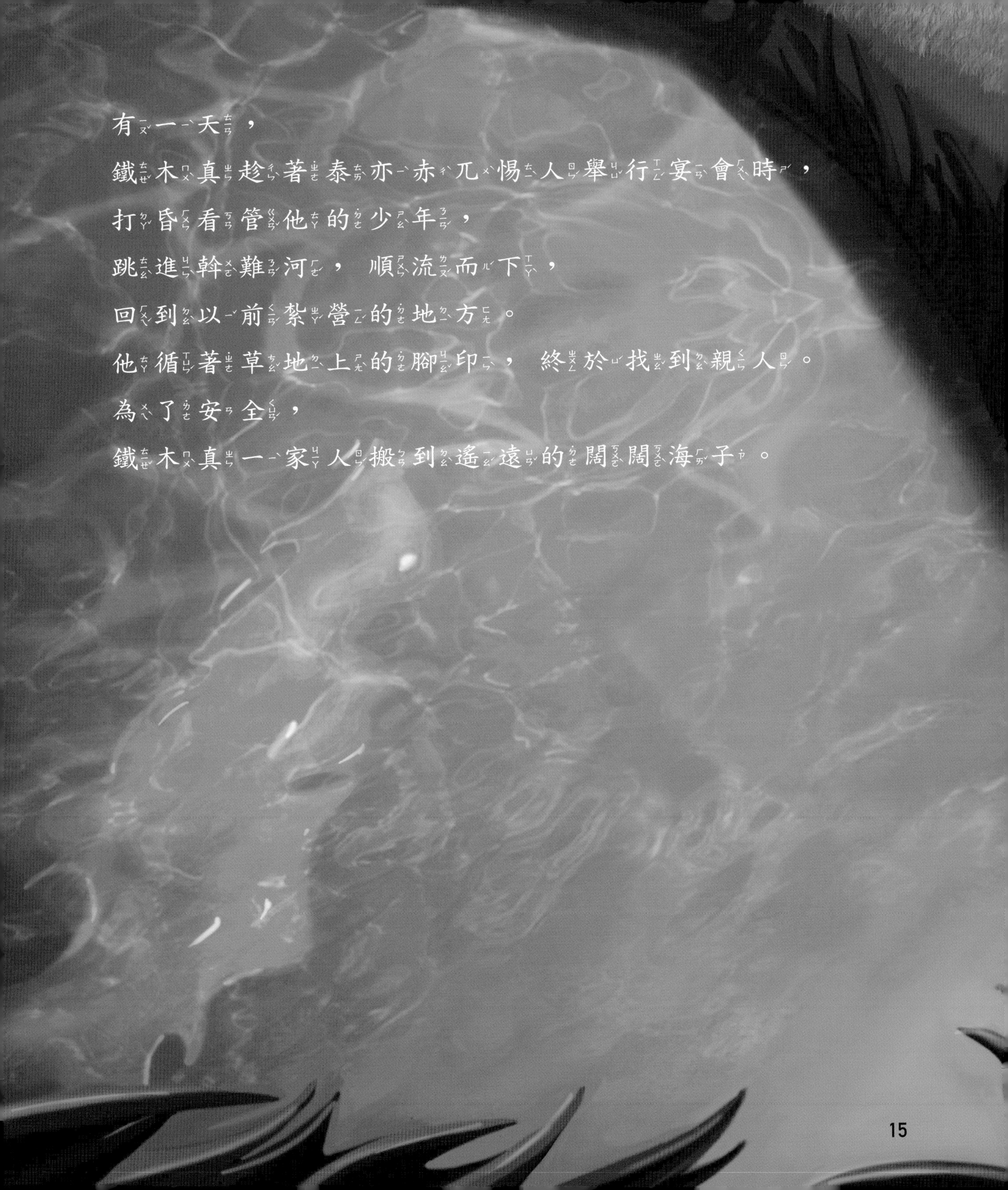

有一天，

鐵木真趁著泰亦赤兀惕人舉行宴會時，

打昏看管他的少年，

跳進斡難河，順流而下，

回到以前紮營的地方。

他循著草地上的腳印，終於找到親人。

為了安全，

鐵木真一家人搬到遙遠的闊闊海子。

孛兒帖嫁給鐵木真後，全家人一起努力經營，
以前離棄的百姓漸漸回來了。
「為了生存，我要想辦法壯大自己的力量。」
鐵木真帶著禮物去拜訪父親的義兄弟王汗。
「以後有事來找我幫忙！」
王汗非常高興。

一天清晨，篾兒乞惕人突然來搶劫財物，並擄走孛兒帖。鐵木真焦急的向王汗求救。王汗說：「為了答謝你的禮物，我出兵兩萬。你再去找你的義兄弟札木合幫忙，咱們一起進攻。」札木合也同意出兵了。

夜色濃重，　大軍過了河，　殺聲震天，
篾兒乞惕人嚇得四散奔逃。
鐵木真順利搶回妻子和財物。

他{ㄊㄚ}非{ㄈㄟ}常{ㄔㄤ}感{ㄍㄢ}謝{ㄒㄧㄝ}王{ㄨㄤ}汗{ㄏㄢ}和{ㄏㄜ}札{ㄓㄚ}木{ㄇㄨ}合{ㄏㄜ}的{ㄉㄜ}相{ㄒㄧㄤ}助{ㄓㄨ}，
從{ㄘㄨㄥ}此{ㄘ}和{ㄏㄜ}王{ㄨㄤ}汗{ㄏㄢ}以{ㄧ}父{ㄈㄨ}子{ㄗ}相{ㄒㄧㄤ}稱{ㄔㄥ}，
並{ㄅㄧㄥ}與{ㄩ}札{ㄓㄚ}木{ㄇㄨ}合{ㄏㄜ}互{ㄏㄨ}稱{ㄔㄥ}安{ㄢ}答{ㄉㄚ}，結{ㄐㄧㄝ}伴{ㄅㄢ}生{ㄕㄥ}活{ㄏㄨㄛ}。

兩人共同放牧了一年。某天，札木合突然說：「咱們讓車隊停下，住在這山麓吧！」鐵木真不明白他的真意。「聽說札木合向來喜新厭舊，可能厭倦我們了，我們還是走吧！」孛兒帖說。兩人於是分道揚鑣。

許多札木合的百姓，跟著鐵木真回到闊闊海子，大家推舉他為可汗。鐵木真派人通知王汗與札木合。「你們推舉鐵木真是正確的。」王汗說。札木合卻責備來人：「為何我倆一分開，就擁戴他當可汗？」

後來，

札木合的弟弟劫奪鐵木真手下的馬匹，
被馬主射殺了。

於是札木合帶著大軍攻打鐵木真，
鐵木真敗退到峽谷裡去。

札木合還下令把俘虜放到鍋裡去煮。

「他太殘忍了，我們還是離開吧！」
更多百姓投效鐵木真了。

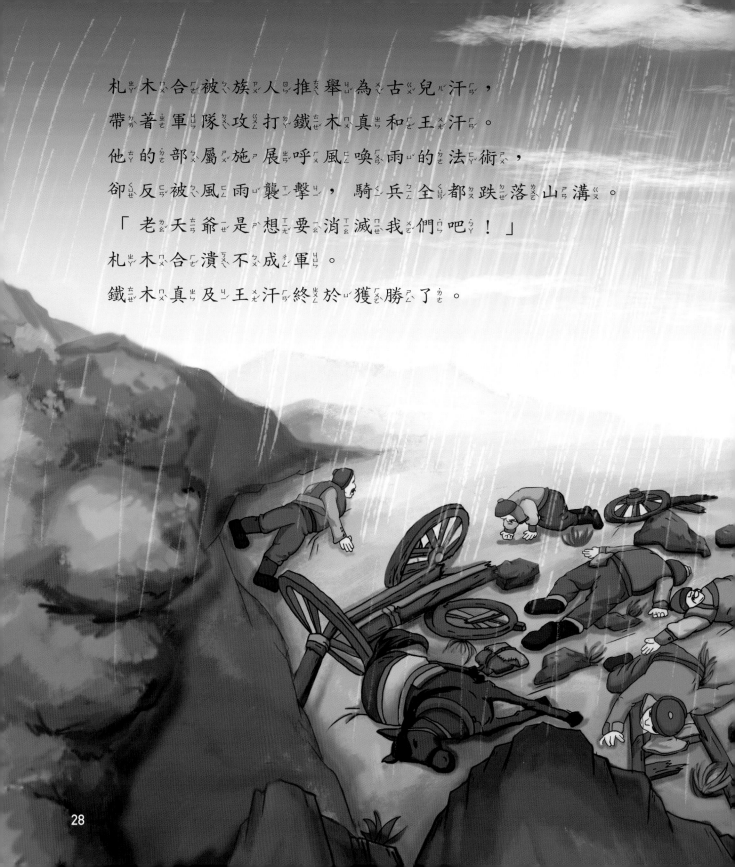

札ㄓㄚˊ木ㄇㄨˋ合ㄏㄜˊ被ㄅㄟˋ族ㄗㄨˊ人ㄖㄣˊ推ㄊㄨㄟ舉ㄐㄩˇ為ㄨㄟˊ古ㄍㄨˇ兒ㄦˊ汗ㄏㄢˊ，
帶ㄉㄞˋ著ㄓㄜ˙軍ㄐㄩㄣ隊ㄉㄨㄟˋ攻ㄍㄨㄥ打ㄉㄚˇ鐵ㄊㄧㄝˇ木ㄇㄨˋ真ㄓㄣ和ㄏㄢˊ王ㄨㄤˊ汗ㄏㄢˊ。
他ㄊㄚ的ㄉㄜ˙部ㄅㄨˋ屬ㄕㄨˇ施ㄕ展ㄓㄢˇ呼ㄏㄨ風ㄈㄥ喚ㄏㄨㄢˋ雨ㄩˇ的ㄉㄜ˙法ㄈㄚˇ術ㄕㄨˋ，
卻ㄑㄩㄝˋ反ㄈㄢˇ被ㄅㄟˋ風ㄈㄥ雨ㄩˇ襲ㄒㄧˊ擊ㄐㄧˊ，騎ㄑㄧˊ兵ㄅㄧㄥ全ㄑㄩㄢˊ都ㄉㄡ跌ㄉㄧㄝˊ落ㄌㄨㄛˋ山ㄕㄢ溝ㄍㄡ。
「老ㄌㄠˇ天ㄊㄧㄢ爺ㄧㄝˊ是ㄕˋ想ㄒㄧㄤˇ要ㄧㄠˋ消ㄒㄧㄠ滅ㄇㄧㄝˋ我ㄨㄛˇ們ㄇㄣ˙吧ㄅㄚ˙！」
札ㄓㄚˊ木ㄇㄨˋ合ㄏㄜˊ潰ㄎㄨㄟˋ不ㄅㄨˋ成ㄔㄥˊ軍ㄐㄩㄣ。
鐵ㄊㄧㄝˇ木ㄇㄨˋ真ㄓㄣ及ㄐㄧˊ王ㄨㄤˊ汗ㄏㄢˊ終ㄓㄨㄥ於ㄩˊ獲ㄏㄨㄛˋ勝ㄕㄥˋ了ㄌㄜ˙。

鐵木真想加強合作關係，
為長子向王汗的女兒求親，
沒想到王汗的兒子桑昆驕傲自大，
一口回絕，讓鐵木真心灰意冷。
札木合乘機跑去對桑昆說：
「你不如假意答應婚事，
喜宴時再殺掉他，
就可以稱霸草原了。」

桑昆答應與札木合聯手殺鐵木真。
「為何原本不同意，現在卻答應？
是想藉機滅我吧！」
鐵木真起了疑心，不僅沒出席宴會，
還趁夜逃走。

隔天，王汗父子大舉進攻，
雙方激戰三天三夜。
父子倆皆兵敗，死在逃亡途中。

札ㄓㄚˊ木ㄇㄨˋ合ㄏㄜˊ投ㄊㄡˊ靠ㄎㄠˋ乃ㄋㄞˇ蠻ㄇㄢˊ族ㄗㄨˊ的ㄉㄜ˙塔ㄊㄚˇ陽ㄧㄤˊ汗ㄏㄢˊ，說ㄕㄨㄛ服ㄈㄨˊ他ㄊㄚ對ㄉㄨㄟˋ抗ㄎㄤˋ鐵ㄊㄧㄝˇ木ㄇㄨˋ真ㄓㄣ。塔ㄊㄚˇ陽ㄧㄤˊ汗ㄏㄢˊ想ㄒㄧㄤˇ：「天ㄊㄧㄢ上ㄕㄤˋ只ㄓˇ有ㄧㄡˇ一ㄧ個ㄍㄜ˙太ㄊㄞˋ陽ㄧㄤˊ，蒙ㄇㄥˊ古ㄍㄨˇ怎ㄗㄣˇ能ㄋㄥˊ有ㄧㄡˇ兩ㄌㄧㄤˇ個ㄍㄜˋ大ㄉㄚˋ汗ㄏㄢˊ呢ㄋㄜ˙？鐵ㄊㄧㄝˇ木ㄇㄨˋ真ㄓㄣ兵ㄅㄧㄥ疲ㄆㄧˊ馬ㄇㄚˇ困ㄎㄨㄣˋ，我ㄨㄛˇ可ㄎㄜˇ以ㄧˇ打ㄉㄚˇ敗ㄅㄞˋ他ㄊㄚ。」塔ㄊㄚˇ陽ㄧㄤˊ汗ㄏㄢˊ激ㄐㄧ怒ㄋㄨˋ了ㄌㄜ˙鐵ㄊㄧㄝˇ木ㄇㄨˋ真ㄓㄣ，鐵ㄊㄧㄝˇ木ㄇㄨˋ真ㄓㄣ決ㄐㄩㄝˊ定ㄉㄧㄥˋ非ㄈㄟ回ㄏㄨㄟˊ擊ㄐㄧˊ不ㄅㄨˋ可ㄎㄜˇ。

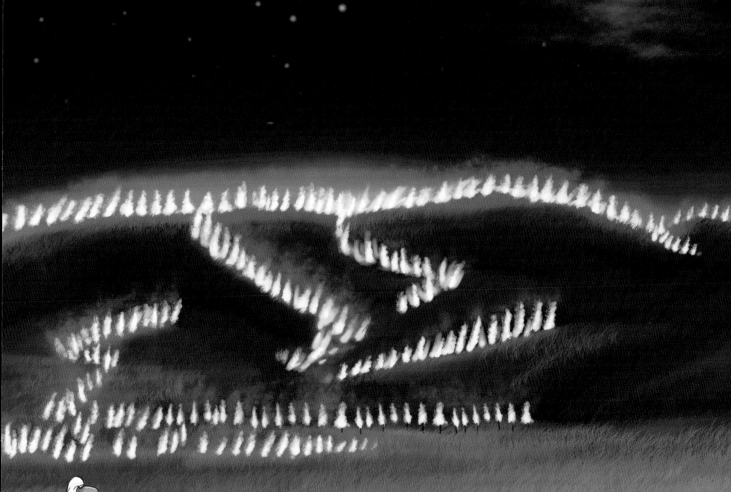

鐵木真駐兵之後宣布：「夜間每人點火五處。」營地果然燈火處處，聲勢壯觀。乃蠻大軍被鐵木真虛張聲勢的伎倆嚇壞，連夜爭先恐後退逃，跌成一團。窮途末路的塔陽汗兵敗被殺，札木合也被擒住賜死。

「偉大的成吉思汗，我們永遠效忠您！」
鐵木真終於統一各部族，被推崇為「成吉思汗」，建立了蒙古帝國。此後，他的子孫不斷對外征戰，讓蒙古成為橫跨歐亞大陸的帝國，也促成東西方的交流。

蒙古宮廷作家把成吉思汗建立蒙古帝國的故事，寫成了《蒙古秘史》，這是第一本記錄中亞游牧民族的作品，也讓所有人了解草原民族的歷史與生活。

蒙古秘史

統一蒙古的成吉思汗

讀本

原典解說◎姜子安

雖然已經無法考證誰是蒙古秘史的作者，但是經由後世史學家的努力，蒙古秘史的面貌也逐漸還原。

TOP PHOTO

鐵木真

相關的人物

拉施德丁

鐵木真（1162年～1227年）全名是孛兒只斤・鐵木真。《蒙古秘史》中寫為帖木真，但鐵木真較為通用。他的稱號比較為人所知的是「成吉思汗」。鐵木真是蒙古帝國的創建者，曾將蒙古人的疆域擴展到橫跨歐亞的規模，因此被今天的蒙古人視為開國之祖。《蒙古秘史》一書主要就在介紹鐵木真的祖先與他本人的歷史。上圖為成吉思汗畫像，內蒙古呼倫貝爾新巴爾虎右旗博物館。

拉施德丁是猶太裔波斯人，伊兒汗國的史官，也是《史集》的作者，主要內容是記錄伊兒汗國的歷史。元朝曾將《蒙古秘史》贈送給伊兒汗國，於是伊兒汗國在編纂本國歷史的時候，拉施德丁在《史集》中特別收錄了不少來自《蒙古秘史》的內容。

葉德輝，清末學者、官員。自稱朱亭山民、麗廔主人，因為曾得過天花，又稱葉麻子。他曾反對維新變法，主張復辟君主制度。非常喜歡收藏書籍，精於版本目錄學。他重新校刊了《蒙古秘史》，成為後來各個外國譯本的依據。

窩闊臺（右圖）是鐵木真第三個兒子，在鐵木真過世後繼承為蒙古帝國的第二任皇帝。窩闊臺早年是鐵木真麾下的大將，繼承帝位後完成了鐵木真的遺志，消滅了金朝，統治了華北地區，為日後忽必烈滅南宋打下基礎。

葉德輝

窩闊臺

柏郎嘉賓是天主教聖方濟會的修士，於 1246 年奉教宗諾森四世之命到蒙古帝國傳教，曾會見蒙古帝國第三任皇帝貴由，然而傳教任務並未獲得成功。 柏郎嘉賓返回羅馬之後，便將遊歷所聞寫成了《蒙古史》，內容有部分與《蒙古秘史》相同。雖然柏郎嘉賓東遊的時間跟著作都比馬可波羅還早，然而他的著作是用拉丁文寫的，並保存在教廷的檔案館，並不普及到外界，因此影響力無法與《馬可波羅遊記》相比。

柏郎嘉賓

札奇斯欽

羅卜藏丹津

札奇斯欽為近代學者，以豐富的蒙古學知識受美國楊百翰大學所託，開始進行《蒙古秘史》的翻譯工作，是將《蒙古秘史》從以漢字標音的舊蒙古文轉譯為現代語言的第一人，這才讓現代人得以了解《蒙古秘史》的完整與詳細內容。札奇斯欽現仍在世，繼續對蒙古學研究做出非常大的貢獻。

羅卜藏丹津是十八世紀的蒙古僧侶，同時也是蒙古貴族之子，曾籌劃利用清朝與蒙古人的力量讓自己成為西藏王，但最後演變成蒙古人與清朝之間的一連串戰爭。羅卜藏丹津最後被軟禁在北京，直到老死。羅卜藏丹津生前留下一部名為《黃金史》的史書，內容有許多跟《蒙古秘史》相同，成為該書用來佐證的文獻之一。

由於改朝換代，蒙古秘史的內容逐漸失散。但是有關成吉思汗的歷史，卻以不同的方式保留了下來。

1162 年
《蒙古秘史》是以鐵木真為主，記載了自鐵木真的第二十二先祖，一直到鐵木真的兒子窩闊臺汗十二年為主的史書。其中鐵木真就出生在這一年，傳說他是手中握著一個血塊出生，天生具有掌握生殺大權的能力。

TOP PHOTO

鐵木真
出生

相關的時間

建立帝國

1206 年
鐵木真的父親是蒙古的乞顏部族首領，但是遭人殺害，因此鐵木真與母親、兄弟度過了極為艱苦的少年時期。之後鐵木真成為乞顏部族的首領，帶領乞顏部族壯大，最後於這一年登基即位，建立蒙古帝國，被尊稱為「成吉思汗」。上圖為〈鐵木真繼位圖〉，描繪鐵木真召開忽里臺大會，登基成為蒙古大汗的情景。

1240 年

記載著成吉思汗家族史的《蒙古秘史》，內容一直記述到蒙古帝國第二位汗王 —— 窩闊臺汗晚年為止。不過這本史書作者不詳，推測有可能由多位蒙古史家陸續寫成。據後代的史學家們研究，《蒙古秘史》目前最可能的成書時間是在這一年。

成書

1388 年

《蒙古秘史》由於長期收藏在蒙古帝王的宮室中，不曾被一般人所見。直到明朝推翻元朝後，才在皇宮中發現。明朝皇帝派人利用《蒙古秘史》編撰元朝相關的正史，為了方便起見，將《蒙古秘史》的蒙古文改成漢文書寫，並修改了部分內容，成為《元朝秘史》。而原先的《蒙古秘史》則已隨時間散佚。

改寫

清刻本

TOP PHOTO

1908 年

清末的學者官員葉德輝十分喜好藏書、編書，他校正流傳下來的《元朝秘史》後，重新刻書刊行。而後代的德國、法國、日本等《元朝秘史》譯本，都是依據他這個刻本來翻譯的。上圖為清朝光緒時期葉氏觀古堂據影抄元朝足本刊行的《元朝秘史》。中國國家博物館古代中國陳列展展出。

世界名著

發現
黃金史

1926 年

外蒙古學者札木薩喇諾在這一年發現了十八世紀蒙古族僧侶羅卜藏丹津所編寫的蒙古文史書羅氏《黃金史》，這本史書保留了《蒙古秘史》中大部分的章節。近代對於《蒙古秘史》研究的學者，很多都利用羅氏《黃金史》來企圖還原《蒙古秘史》的內容。

1989 年

《蒙古秘史》的刊本與譯本流傳至國外後，引起許多外國學者的興趣與注意，紛紛投入本書的研究。而聯合國教科文組織甚至將《蒙古秘史》列為世界名著。

充滿傳奇的成吉思汗與蒙古秘史，提供了認識蒙古族特有文化的一個寶貴窗口。

《蒙古秘史》是蒙古族最古老的歷史文學典籍，經過史官多次增修而成，內容主要記載成吉思汗歷代祖先事蹟與家譜檔案。當時蒙古族入主中原建立元朝後，皇宮貴族被稱為「黃金家族」，相關的家族檔案稱為「金冊」，被收藏在宮中。因為被保存得十分隱密，所以被稱為「元朝秘史」或秘史。

訓詁學是一項研究古書中字詞用義的學問。藉由分析古代書籍中字詞的語法、修辭，利用語言的角度，進而理解古代文獻的意義與歷史資料。由於《蒙古秘史》是利用古蒙文寫成，但是流傳到明清兩代，已經經過漢文的音譯與修改，因此許多史學家利用訓詁的方式，企圖拼湊還原蒙古秘史的內容。

由十八世紀的蒙古僧侶羅卜藏丹津所著蒙古族歷史。內容由印度、西藏諸個君王世系開始記錄到蒙古族最後一位汗王林丹汗敗亡的編年史。其中有關成吉思汗相關的部分，與《蒙古秘史》有諸多相同，可作為蒙古秘史的佐證。另外，本書還留存了許多蒙古秘史中所沒有收錄的零碎史料與民間故事，補充了《蒙古秘史》的缺漏。

蒙古秘史

訓詁學

相關的事物

黃金史

怯薛軍

由於蒙古族生活在草原上，以游牧、狩獵為生，因此具有精良的騎射能力。而且蒙古人擁有當時射程最遠、殺傷力最強的組合式弓箭，搭配他們的騎射技術，所組成的蒙古弓騎兵可說是當時集火力與機動性一體，非常強勁的軍事部隊。成吉思汗在東征西討的過程中，都帶著自己的弓騎兵隊 —— 怯薛軍。

蒙古馬刀

TOP PHOTO

蒙古馬刀指的是蒙古騎兵作戰時，身上所佩用略彎的長刀。蒙古馬刀比一般的軍用馬刀薄，分量也較輕，因此便於攜帶，也利於蒙古騎兵在作戰時揮砍敵人。上圖為內蒙古額爾古納市三河鄉三河馬科技博物館所藏蒙古馬刀。

十二生肖

生肖是中國傳統中，用來代表年份的十二種動物，統稱為十二生肖。蒙古帝國當時採用十二生肖紀年法，每十二年為一個輪迴。在《蒙古秘史》中，同樣也以這種方式來記錄，因此會在秘史中看到鼠兒年、狗兒年等字眼，代表當年的各生肖。右圖為元朝陰刻十二生肖及四神圖墓碑中的「鼠」。雷州市博物館藏。

TOP PHOTO

汗

汗原本的意思是王朝、神靈和上天。這個說法最早出現於三世紀時期的鮮卑部落，後來被北方的游牧民族取用，這些游牧民族建立了自己的汗國，首領就稱為汗王。鐵木真建立大蒙古國時，登基成為首領就獲得了「成吉思」汗王的封號，簡稱為成吉思汗。

成吉思汗邊牆

金朝曾經在今日的蒙古自治區內修築防禦北方的軍事界壕，稱為金長城，又被俗稱為成吉思汗邊牆。在女真族消滅了遼國並且打敗了北宋之後，蒙古族便開始進攻金朝政權。金朝為了抵禦蒙古族與其他部族入侵，花費六十多年、五次大修這條界壕。

蒙古秘史主要記錄了成吉思汗的一生，這位建立蒙古帝國、四處征戰的霸主，究竟留下了什麼足跡讓後人追隨？

TOP PHOTO

成吉思汗陵坐落在內蒙鄂爾多斯市內。由於蒙古族盛行密葬，因此真正的成吉思汗陵至今仍不明，而鄂爾多斯市內的成吉思汗陵僅為他的衣冠塚，曾經過多次遷移，最後才在此確立。

成吉思汗陵

相關的地方

斡難河

TOP PHOTO

斡難河是位於蒙古與俄羅斯內的一條河流，斡難河是它的古名，今稱為鄂嫩河。相傳鐵木真就在斡難河的上游出生，並在此處與蒙古貴族們召開大會，登基成為蒙古帝國的皇帝，建立了蒙古帝國。此處現有紀念碑（左圖）紀念成吉思汗的誕生。

不兒罕山位於蒙古國北部，是蒙古的聖山。鐵木真的父親死後，因為族人的追殺，鐵木真與母親、兄弟一起逃到不兒罕山避難，在此艱苦的生活了數年。不兒罕山是古名，今日稱為肯特山。

西遼是由古代契丹族建立的王朝，範圍大約在今日的新疆與中亞大部分，包括哈薩克斯坦、吉爾吉斯坦、烏茲別克斯坦等地區。成吉思汗為了消滅乃蠻部落殘餘的勢力，發兵進攻西遼，捉殺篡奪西遼政權的乃蠻部落汗王之子屈出律，最後平定了西遼。

花剌子模是中亞西部地區曾經出現的一個古代國家，大約是在阿姆河下游、鹹海南岸，位於今日的烏茲別克與土庫曼。由於花剌子模曾經殺害一支來自蒙古的商隊，之後又殺害成吉思汗派來的使臣，引起成吉思汗的憤怒。在滅了西遼之後，成吉思汗便派人入侵消滅花剌子模。

中都也就是現在的北京，曾經是金朝的首都。成吉思汗建立蒙古帝國後，勢力逐漸強大，於是與金朝斷絕了朝貢關係，並且攻打金朝。之後金朝為了遠離蒙古的威脅，因此便將首都由中都遷至汴京。而成吉思汗乘勝追擊，在金朝遷都後順利占領中都。

現今的寧夏省靈武縣、永寧縣都是古代靈州的範圍，而靈州也是當時西夏國中十分重要的城市。成吉思汗為了攻打金國，希望切斷金國與西夏國的聯繫，於是先行進攻西夏。而相傳成吉思汗就是在消滅西夏的過程中，病逝於靈州。

成吉思汗

　　鐵木真統一蒙古之後，大家推崇他為「成吉思汗」，讚美他是「神聖堅強如鋼鐵般的上天之子」。

　　成吉思汗的母親訶額侖夫人生了四個兒子：成吉思汗、合撒兒、額勒赤、斡惕赤斤。

　　據說成吉思汗出生時，右手握一個著羊髀骨形狀的血塊，與眾不同。父親死後，孤兒寡母又被現實的泰亦赤兀惕人拋棄，一家人只好相依為命。

　　有一天，成吉思汗和合撒兒一起釣到一條魚，卻被同父異母的弟弟別克帖兒搶去。他倆回家跟母親告狀，母親卻說：「兄弟之間別計較了。我們現在除了影子沒有別的夥伴，除了尾巴沒有別的鞭子，不團結，怎麼報復泰亦赤兀惕人呢？」

　　成吉思汗和合撒兒生氣說：「他昨天搶去我們射中的鳥，今天又搶我們的魚，我們怎能再跟他處在一起？」於是，兩兄弟一起把別克帖兒射死。

禍害！從我熱（懷）裡突然衝出來的時
候，你就生來手裡握著一個黑血塊！

—《蒙古秘史・第七十八節》

　　訶額侖夫人知道了，痛罵成吉思汗是個天生的禍害，罵他是獅
子、豺狼虎豹⋯⋯真是痛心疾首。

　　手足相殘的情形在成吉思汗統一蒙古後也再度發生，因為法師
帖卜・騰格里說：「上天預告成吉思汗掌國之後，就由合撒兒當可
汗。合撒兒不除去不行。」成吉思汗就把合撒兒抓起來。訶額侖夫
人連夜趕去營救，罵他說：「你把敵人絕滅了，眼裡就再也容不下
親弟弟合撒兒嗎？」羞得成吉思汗站在一旁，動也不敢動。

　　母親走後，成吉思汗悄悄奪去合撒兒的土地與百姓，只給他
一千四百人，訶額侖夫人後來知道，怒急攻心，不久就生病死了。

　　年輕時的成吉思汗，容不下他生平的第一個競爭者別克帖兒；
中年時也恐懼親弟弟奪去自己的汗位；到了老年，親眼目睹兩個兒
子拙赤、察合臺為繼承王位而反目，心中怕是感慨萬千，只能無言
以對了。

在星光閃耀的夜裡，環繞我宮帳躺臥，使（我）安枕不受驚嚇的，叫（我）坐在這高位上的，是我吉慶的宿衛們。——《蒙古秘史‧第二三〇節》

　　成吉思汗統一蒙古後，論功行賞，分封財物、百姓給功臣。此外，他還建立了組織嚴密的國家，任命萬戶長、千戶長、百戶長，各自負責治理自己的百姓。同時，並從其中挑選人才擔任護衛隊，一方面輪番值勤，一方面向成吉思汗學習，為蒙古帝國培育人才。

　　當年，成吉思汗征戰草原各部族時，他的貼身宿衛只有八十人。帝國建立後，成吉思汗組織了八千名侍衛、一千名宿衛、一千名箭筒士，共一萬名勇士。這些勇士平時輪番擔任護衛的工作，戰爭時就成為成吉思汗的作戰主力。因為有這些訓練精良，勇猛善戰的鐵騎兵團保護，成吉思汗及他的百姓們才能高枕無憂，並不斷開疆拓土，先後征伐回回、金國、西夏各國。

成吉思汗在公元 1219 年出征回回，又名花剌子模，這是蒙古大軍的第一次西征。出發之前，長子拙赤、次子察合臺在衝突之後，共推人品敦厚的老三窩闊臺為汗位繼承人，並願意共同為他效力。成吉思汗語重心長的說：「你們兩個說到要做到，千萬不可做出讓百姓嘲笑的事來。」

　　成吉思汗死後，他的子孫果然不負所望，使他播下的種子，開花結果。窩闊臺承接汗位，派拙赤的兒子拔都西征，攻占俄羅斯、入侵波蘭、匈牙利、捷克等地。所到之處，蒙古大軍勢如破竹，可惜之後因窩闊臺病逝而返回蒙古。成吉思汗的孫子蒙哥繼承汗位後，派弟弟旭烈兀帶兵第三次西征，攻占巴格達、敘利亞等地。蒙哥去世後，由忽必烈擔任大汗，他派兵遠征安南、緬國、日本……各地，並滅了南宋，定國號為「元」。元朝和成吉思汗其他子孫建立的四大汗國橫跨歐亞大陸，改寫了人類政治與文化的歷史。

孛兒帖

成吉思汗曾經三次和札木合結為義兄弟，互稱對方為「安答」。

第一次是在成吉思汗十一歲時，兩人在斡難河冰上一起投擲牛髀骨時，互換髀骨，結為安答。第二次是在次年春天，兩人玩射箭遊戲時，用箭交換，結為安答。

當札木合應成吉思汗的請求出兵，協助奪回孛兒帖夫人，大敗篾兒乞惕人之後，兩人在一棵枝葉茂盛的大樹下，互為對方繫上金腰帶，這是他們第三次結為安答。兩人一起發誓說：「結為安答就是彼此性命結為一體，要相親相愛。」

他們白天一起吃飯，晚上睡覺蓋同一件被子。兩人相親相愛的過了一年。第二年的某一天，當他們路過一座山下時，札木合突然對成吉思汗說：「我們就在沿著河邊的山坡住下吧！我們可以搭帳棚，牛羊也可以吃到草呀！」

成吉思汗不了解札木合話裡到底是什麼意思，當場沒有回答，

方纔札木合「安答」所說的，是要圖謀我們的話吧。
我們別住下，就這樣一面移動，一面趕快分開，夜裡
兼程走吧！──《蒙古秘史・第一一八節》

後來請教母親，母親沒有回答。但是孛兒帖夫人卻說：「聽說札
木合喜新厭舊，現在他是厭倦我們了吧？也可能是想要圖謀我們什
麼，我們應該趕快走，連夜走，以免被害。」於是，成吉思汗和札
木合從此各走各的路，展開一生的爭戰。

此後，札木合對成吉思汗的所作所為，證明了孛兒帖果真是有
遠見的聰慧婦人。

當成吉思汗統一草原之後，法師帖卜・騰格里先後欺負成吉思
汗的弟弟合撒兒及斡惕赤斤，孛兒帖哭著提醒成吉思汗：「他們現
在這樣欺負你的弟弟，以後你若倒下，我的孩子還能管得住他嗎？」
這才讓成吉思汗下定決心除去帖卜・騰格里的惡勢力。否則，任由
他發展，成吉思汗努力創下的霸業，可能拱手讓人也說不定呢！

聰明的孛兒帖，是也速該送給兒子最好的人生禮物。

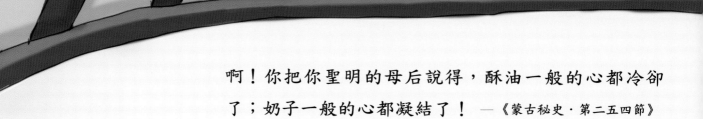

啊！你把你聖明的母后說得，酥油一般的心都冷卻了；奶子一般的心都凝結了！ ——《蒙古秘史·第二五四節》

成吉思汗的父親也速該在斡難河邊放鷹打獵時，遇見篾兒乞惕族的青年迎親，一時興起搶了新娘訶額侖當自己的妻子，生下成吉思汗。

成吉思汗長大娶了孛兒帖之後，篾兒乞惕族人為報當年搶親之仇，也來突襲，抓走孛兒帖。成吉思汗只好向王汗、札木合等人求援。聯合大軍趁著夜色濃重時分悄悄渡河，撞翻篾兒乞惕族陣營的帳房骨架，殺聲震天，嚇得他們四散奔逃。

「孛兒帖！孛兒帖！」心急如焚的成吉思汗在人群中大喊著。

孛兒帖聽到熟悉的聲音，循著聲音的方向，她看到了心愛的人。

「帖木真，我在這裡！」兵荒馬亂中，成吉思汗與孛兒帖不顧一切緊緊擁抱在一起。

此次戰爭不但是成吉思汗所打的第一場勝仗，也讓他能夠和孛兒帖再續夫妻情緣。孛兒帖回來後，生下了拙赤。雖然拙赤的血統令人質疑，但成吉思汗仍以拙赤為長子。

在漫長的征戰歲月裡，孛兒帖與成吉思汗共嘗艱辛，挨餓受苦，栽培拙赤、察合臺、窩闊臺、拖雷等四個親生兒子，成為草原戰士，協助成吉思汗統一蒙古各部族。

成吉思汗雖然納了數十個妃子，但孛兒帖卻是在他最卑微時娶的妻子，一路扶持走來，當然穩居后位。

但成吉思汗考慮傳人時，老二察合臺馬上當眾質疑拙赤的血統，讓成吉思汗不知所措，孛兒帖也感到難堪。察合臺的師傅闊闊搠思立刻站出來責備察合臺，不該說那樣大逆不道的話，讓嘗盡辛酸的母親心灰意冷。

雄霸天下的英雄成吉思汗，背負了父親留下的仇債，即使奪回妻子，一生不離不棄。但到了年老，面對孩子的血統問題，卻是無言以對，這是擁有大度風範的成吉思汗必須面對的無奈呀！

王汗

　　屬於客列亦惕族的王汗，年輕時殺死了他的幾個叔父，而被他叔父古兒汗趕到一個峽谷裡去。王汗後來帶著一百多個百姓逃出來，投奔到成吉思汗的父親也速該那兒。也速該帶兵把古兒汗趕走，還把王汗的百姓帶回來還給他，兩人因此結為安答。

　　孛兒帖嫁給成吉思汗的時候，她的母親為她準備了一件黑貂皮外套，是要作為送給公公的見面禮。成吉思汗的父親也速該早已亡故，因此他想，不如把外套送給王汗吧。

　　成吉思汗到了王汗那裡便說：「您曾和我的父親結為義兄弟，就等於是我的父親一樣。現在我結了婚，把我妻子準備要送給公公的外套拿來送給您。」

　　王汗非常高興，當場就說：「為了答謝你送我黑貂外套，我會幫你把被搶走的百姓和財產，全部找回來。」並且還表示會將這件事銘記於心。

（當作）黑貂裘的酬答，把你那散失的百姓，（我）給你聚合起來。（當作這）貂裘的酬答，把你那背離的百姓，（我）給你統合起來！——《蒙古秘史·第九十六節》

　　後來，孛兒帖被蔑兒乞惕人搶走以後，成吉思汗向王汗求救，王汗不但一口答應，定下作戰策略，自己出兵兩萬由右側攻入，還要成吉思汗邀請他的義兄弟札木合帶兵由左方進攻，三方人馬乘著夜色渡河進攻，一舉成功，不但救出孛兒帖，還擄掠了他們的婦女、百姓與財物。

　　成吉思汗非常感激相助的兩人，除了再一次和札木合結為義兄弟之外，還親暱的稱王汗為「汗父」。他說：「由於汗父和札木合義兄弟的幫助，所以天地給我力量，給我祝福，我才能把男子漢一定要報的仇給報成。」

　　對剛成家尚未立業的成吉思汗來說，王汗與他之間的關係真可謂是如父如子。也因為有了王汗的照顧，他才能慢慢壯大，逐漸奠定日後與其他草原英雄一同競逐大位的基礎。

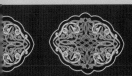

你們為什麼對我兒成吉思汗那樣想呢？如今（我們）還拿他當做倚仗呢。現在若對吾兒懷那樣險惡的心呀！我們必不為（上）天所庇祐！

——《蒙古秘史·第一六七節》

　　成吉思汗與札木合分道揚鑣後，由於作戰有道，經營成功，許多草原部族紛紛來歸，連札木合的親哥哥也前來投靠，他說他看見一隻乳牛，拉著帳棚的木樁在路上奔跑大叫：「老天爺決定要叫成吉思汗做國家的主人，我把國家拉來了。」

　　從此，更多人民前來投入成吉思汗的陣營。

　　成吉思汗與王汗一同出征時，王汗的兒子桑昆差點被擒，成吉思汗派他手下的大將前去搭救，最後順利救出桑昆及他的妻兒。王汗感激的說：「我的義兄弟也速該曾經救我一次，如今鐵木真又救了我的兒子。」

　　從此，成吉思汗和王汗二人經常一同出征，一同圍獵。

　　成吉思汗想要親上加親，於是替長子拙赤向王汗的女兒求親，

並且把自己的女兒嫁給王汗的兒子桑昆所生的兒子。沒想到桑昆妄自尊大，拒絕了這門婚事。從此，成吉思汗與桑昆之間便有了心結。

札木合知道這件事後，乘機對桑昆說：「鐵木真表面和你父親互稱『父子』，其實內心早就另有打算。他和乃蠻的塔陽汗互有約定，要對你們不利。不如假裝同意把妹妹許配給鐵木真的兒子，然後趁著他來吃喜酒的時候殺死他。」

桑昆把計畫告訴父親王汗，起初王汗堅決反對：「你怎麼可以對我正直的兒子成吉思汗那樣做呢？難道不怕老天爺生氣，不再庇護我們嗎？」

桑昆聽了非常生氣，摔門離去。但王汗仍然疼愛著自己兒子，只好叫他回來說：「隨你們去做了。」

後來，成吉思汗識破桑昆的詭計，雙方反目成仇。最後，果然應了王汗的話，一心使壞的桑昆家族得不到上天的庇佑，在草原爭霸戰中，被雄才大略的成吉思汗淘汰出局。

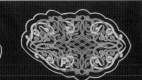

63

札木合

札木合的弟弟因偷馬而被成吉思汗的部下殺死之後，兩人反目成仇，打了幾場戰爭。由於札木合節節敗退，只好投靠草原西方最強大的乃蠻。

乃蠻的統治者塔陽汗說大話，要奪去蒙古人的箭筒與土地人民，引來成吉思汗帶兵進攻。成吉思汗在曠野分開紮營，用虛張聲勢的伎倆，使乃蠻人誤以為成吉思汗兵多將廣，因而心生畏懼。

塔陽汗果然中計，又看到自己的哨兵被敵方的四個大將追趕，就問一同出兵的札木合：「那四個人是誰？」。札木合說：「他們是者別、忽必來、者勒篾、速別額台，像四隻獵狗一樣。」

塔陽汗嚇得把軍隊退到山下，接著問：「那幾人為什麼像馬一樣，跳個不停？」札木合說：「他們都是些專門砍殺搶劫的戰士。」

塔陽汗再問：「那個像餓鷹一樣的人是誰？」札木合說：「那

塔陽汗因我的話（嚇）得昏瞶，驚慌著退上高地，（他們）已經被（我）口伐舌誅，害著怕爬上山去。「安答」（你）要堅定。他們已經（退）上山了。

——《蒙古秘史·第一九六節》

就是用銅鐵鍊成的鐵木真啊！」

　　塔陽汗嚇得軍隊往山上退，又問：「那個從後面衝上前來的是誰？」札木合說：「那是鐵木真的弟弟合撒兒，他能像巨蟒一樣把整個人吞掉，一箭可射穿二十個人。」

　　塔陽汗又再問：「最後面那個人是誰？」札木合答：「他是鐵木真最小的弟弟斡惕赤斤，他打仗的能力，不輸任何一個人。」

　　塔陽汗嚇得臉色慘白，把軍隊退到山頂上去。札木合看出塔陽汗懦弱無能，知道跟他合作必定無法打敗成吉思汗。於是離開乃蠻，又回頭向成吉思汗示好，叫人傳話：「塔陽汗已被我的話嚇得沒有迎擊的膽量，你們可以進攻了。」

　　當天晚上乃蠻軍隊逃走時，跌成一團，窮途末路的塔陽汗被擒，成吉思汗征服乃蠻，也收服了跟札木合在一起的各族兵力。

在汗位已經指向了你，現在天下已成定局的時候，我來做伴，還有什麼益處呢？ ——《蒙古秘史·第二〇一節》

　　成吉思汗征服乃蠻後，札木合與五個部下一起逃亡。當他們在山上抓羊烤肉吃時，落魄的札木合自我調侃：「是誰的兒子在這裡殺羊吃呢？」他的部下就在此時把他綁住，獻給了成吉思汗。

　　札木合反問成吉思汗，要怎麼處理奴僕陷害主人的情況。成吉思汗向來講究忠誠與賞罰，最痛恨賣主求榮的行為。他當場下旨，殺了背叛札木合的五個屬下。

　　成吉思汗同時也是個重感情的人，他難捨兩人的往日情誼，並感念札木合在成吉思汗與乃蠻對陣時，暗傳情報的恩情，於是想邀札木合重新一起結伴生活。

　　札木合想起兩人年幼感情好時，曾經一起住、一起睡，也一起吃，一起說的話至今難忘。但是，兩人分手後，為了爭奪統治權，

反目成仇，感情已經破裂。如今局勢底定，札木合承認自己已經敗給成吉思汗了。

好勝的札木合認為成吉思汗有賢明的母親，生來資質俊傑，又有幾個能幹的弟弟協助他，還有英豪傑出的夥伴輔助。而他從小被父母棄養，沒有能幹的弟兄，妻子又好講閒話，一生也沒有可信賴的夥伴。因此，札木合自認為自己是敗在「天命」不如成吉思汗。

失敗者如果伴在成功者身旁，還是會讓成功者日夜不安。因此，札木合請求不流血而死。

注重情義的成吉思汗卻說，札木合做事雖然專斷獨行，但從沒親耳聽他說要取自己性命的話，因此罪不至死。最後只好以札木合不肯做伴，違旨抗命的罪名，賜札木合不流血而死，並將骸骨葬在高地。

成吉思汗與札木合這兩個爭霸多年的對手，一生亦敵亦友，即使在最後生死關頭，仍難掩草原英雄惺惺相惜的真性情。

當蒙古秘史的朋友

《蒙古秘史》是十三世紀時期，蒙古的宮廷作家，根據傳說等記錄，撰寫而成的一部關於蒙古帝國崛起的歷史。其中最重要的，就是蒙古崛起歷史中的靈魂人物——成吉思汗。

成吉思汗的少年時期，父親就過世了。他們被族人拋棄，母親帶著他們兄弟姊妹，一同相依為命，在河邊辛苦的生活，終於將孩子扶養成人。

但是成吉思汗的苦難卻還沒結束。當他成人後，拋棄他們的族人擔心遭到成吉思汗的報復，居然將他擄走。歷經千辛萬苦，他終於逃了出來，不但結了婚、建立自己的家庭，還讓從前離開的百姓們都一一來歸。

在他的努力下，不僅壯大了自己的部族，也統一了蒙古，建立起日後橫跨歐洲與亞洲的龐大帝國。如此偉大的功業，他是怎麼辦到的？

當《蒙古秘史》的朋友，你會看到成吉思汗的雄才大略，寬厚大度，也會看到他天生的領袖魅力。他不僅能在戰場奮勇殺敵，還能運用巧妙睿智的戰術，減少自己的損失。在戰場以外，他有自幼以來堅定不移的韌性，讓他在每一個危難的磨練下，都能刻苦生存下來，讓自己變得更強大。

當《蒙古秘史》的朋友，你也會看到成吉思汗的無奈。他幼年時便結為義兄弟的好友札木合，曾經為他奪回被抓走的妻子，兩人最後卻分道揚鑣、反目成仇。數十年共患難的友誼，還是只能成為回憶。

走進《蒙古秘史》裡天寬地闊的草原，跟著他們一同馳騁，你會看見這一段如詩的歷史，藏有多少動人的故事！

我是大導演

看完了蒙古秘史的故事之後，
現在換你當導演。
請利用紅圈裡面的主題（游牧），
參考白圈裡的例子（例如：草原），
發揮你的聯想力，
在剩下的三個白圈中填入相關的詞語，
並利用這些詞語畫出一幅圖。

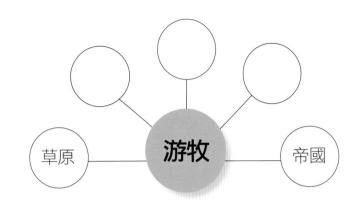

◎ 少年是人生開始的階段。因此，少年也是人生最適合閱讀經典的時候。

因為，這個時候讀經典，可以為將來的人生旅程準備豐厚的資糧。

因為，這個時候讀經典，可以用輕鬆的心情探索其中壯麗的天地。

◎ 【經典少年遊】，每一種書，都包括兩個部分：「繪本」和「讀本」。

繪本在前，是感性的、圖像的，透過動人的故事，來描述這本經典最核心的精神。

小學低年級的孩子，自己就可以閱讀。

讀本在後，是理性的、文字的，透過對原典的分析與說明，讓讀者掌握這本經典最珍貴的知識。

小學生可以自己閱讀，或者，也適合由家長陪讀，提供輔助說明。

001 左傳　春秋時代的歷史
The Chronicle of Tso: The History of the Spring and Autumn Period

故事／林安德　原典解說／林安德　繪圖／柳俏

三公交會，引發了什麼樣的政治危機？兩個謀士互相鬥智，又造就了一段什麼樣的歷史故事？那是一個相互兼併與征伐的時代，同時也是個能言謀士輩出的時代。那些鬥爭與辯論，全都刻畫在《左傳》中。

002 史記　史家的絕唱
Records of the Grand Historian: The Pinnacle of Chinese Historiography

故事／林怡君　原典解說／林怡君　繪圖／袁靜

李廣「飛將軍」面對匈奴大軍毫無懼色，為漢朝立下許多戰功，卻未能獲得相稱的爵位，最後抱憾而終。從黃帝到漢武帝，不論是帝王將相、商賈名流，貫穿三千多年的歷史，《史記》成為千古傳頌的史家絕唱。

003 漢書　中原與四方的交流
Book of Han: Han Dynasty and its Neighbors

故事／王宇清　原典解說／王宇清　繪圖／李遠聰

張騫出使西域，不僅為漢朝捎來了塞外的消息，也傳遞了彼此的物產與文化，開拓一條史無前例的通道，成就一趟偉大的冒險。他的西域見聞，都記錄在《漢書》中，讓大家看見了草原與大漠，竟然是如此豐富美麗！

004 列女傳　儒家女性的代表
Kao-tsu of Han: The First Peasant Emperor

故事／林怡君　故事／林怡君　繪圖／楊小婷

她以身作則教孩子懂得禮法，這位偉大的母親就是魯季敬姜。不僅連孔子都多次讚賞她的美德，《列女傳》更記錄下她美好的德行，供後世永流傳。《列女傳》收集了中國歷代名女人的故事，呈現不同的女性風範。

005 後漢書　由盛轉衰的東漢
Book of Later Han: The Rise and Fall of Eastern Han

故事／王蕙瑄　原典解說／王蕙瑄　繪圖／李莎莎

《後漢書》記錄了東漢衰敗的過程：年幼的皇帝即位，而外戚掌握實權。等到皇帝長大了，便聯合身邊最信任的宦官，奪回權力。漢桓帝不相信身邊的大臣，卻事事聽從甜言蜜語的宦官，造成了嚴重的「黨錮之禍」。

006 三國志　三分天下始末
Record of the Three Kingdoms: The Beginning of the Three Kingdoms Period

故事／子魚　原典解說／子魚　繪圖／Summer

曹操崛起，一統天下的野心，卻在赤壁遭受挫折，僅能雄霸北方，留下三國鼎立之遺憾。江山流轉，近百年的分裂也終將結束，西晉一統三國，三國的分合，盡在《三國志》。

007 新五代史　享樂亂政的五代
New History of the Five Dynasties: The Age of Chaos and Extravagance

故事／呂淑敏　原典解說／呂淑敏　繪圖／王韶薇

李存勗驍勇善戰，建立後唐，史稱後唐莊宗。只是他上任後就完全懈怠，和伶官一起唱戲作曲，過著逍遙生活。看歐陽修在《新五代史》中，如何重現後唐莊宗從勤奮到荒唐的過程。

008 資治通鑑　帝王的教科書
Comprehensive Mirror for Aid in Government: The Guidance for Emperors

故事／子魚　原典解說／子魚　繪圖／傅馨逸

唐太宗開啟了唐朝的黃金時期。從玄武門之變到貞觀之治，這條君王之路，悉數收錄在《資治通鑑》中。翻開《資治通鑑》，各朝各代的明君賢臣、良政苛政，皆蒐羅其中，成為帝王治世不可不讀的教科書。

◎ 【經典少年遊】，我們先出版一百種中國經典，共分八個主題系列：
　　詩詞曲、思想與哲學、小說與故事、人物傳記、歷史、探險與地理、生活與素養、科技。
　　每一個主題系列，都按時間順序來選擇代表性的經典書種。

◎ 每一個主題系列，我們都邀請相關的專家學者擔任編輯顧問，提供從選題到內容的建議與指導。
　　我們希望：孩子讀完一個系列，可以掌握這個主題的完整體系。讀完八個不同主題的系列，
　　可以不但對中國文化有多面向的認識，更可以體會跨界閱讀的樂趣，享受知識跨界激盪的樂趣。

◎ 如果說，歷史累積下來的經典形成了壯麗的山河，那麼【經典少年遊】就是希望我們每個人
　　都趁著年少，探索四面八方，拓展眼界，體會山河之美，建構自己的知識體系。
　　少年需要遊經典。
　　經典需要少年遊。

009 蒙古秘史　統一蒙古的成吉思汗
The Secret History of the Mongols: The Emergence of Genghis Khan
故事／姜子安　原典解說／姜子安　繪圖／李菁菁

北方的草原，一望無際，游牧民族在這裡停留又離去。成吉思汗在這裡
出生成長，統一各部族，開創蒙古帝國。《蒙古秘史》說出了成吉思汗
的一生，也讓我們看到了這片草原上的故事。

010 臺灣通史　開闢臺灣的先民足跡
A General History of Taiwan: Footprints of the First Pioneers
故事／趙予彤　原典解說／趙予彤　繪圖／周庭萱

《臺灣通史》，記錄了原住民狩獵山林，還有荷蘭人傳教通商，當然還
有漢人開荒闢地的故事。鄭成功在臺灣建立堡壘，作為根據地。雖然他
反清復明的心願無法實現，卻讓許多人在這裡創造屬於自己家園。

經典○
少年遊

youth.classicsnow.net

009
蒙古秘史 統一蒙古的成吉思汗
The Secret History of the Mongols
The Emergence of Genghis Khan

編輯顧問（姓名筆劃序）
王安憶 王汎森 江曉原 李歐梵 郝譽翔 陳平原
張隆溪 張臨生 葉嘉瑩 葛兆光 葛劍雄 鄭培凱

故事：姜子安
原典解說：姜子安
繪圖：李菁菁
人時事地：編輯部

編輯：張瑜珊 張瓊文 鄧芳喬
美術設計：張士勇
美術編輯：顏一立
校對：陳佩伶

企畫：網路與書股份有限公司
出版者：大塊文化出版股份有限公司
台北市10550南京東路四段25號11樓
www.locuspublishing.com
讀者服務專線：0800-006689
TEL：+886-2-87123898
FAX：+886-2-87123897
郵撥帳號：18955675
戶名：大塊文化出版股份有限公司
法律顧問：全理法律事務所董安丹律師

總經銷：大和書報圖書股份有限公司
地址：新北市新莊區五工五路2號
TEL：+886-2-8990-2588
FAX：+886-2-2290-1658
製版：沈氏藝術印刷股份有限公司

初版一刷：2013年5月
定價：新台幣299元